FOLIO CADET

Traduit de l'américain par Olivier de Broca

Supplément réalisé avec la collaboration
de Dominique Boutel et Anne Panzani
Maquette de Françoise Pham

ISBN : 2-07-051306-8
Titre original : *The Zack Files, Great-Grandpa's in the Litter Box*
Publié pour la première fois en 1996
par Grosset & Dunlap, New York

Numéro d'édition : 81841 – Numéro d'impression : 79375
Loi n° 49-956 du 16 juillet 1949 sur les publications
destinées à la jeunesse
Dépôt légal : février 1998
Imprimé en France sur les presses de l'imprimerie Hérissey

DAN GREENBURG

Zack et le chat infernal

ILLUSTRÉ PAR
JACK E. DAVIS

GALLIMARD JEUNESSE

Pour Judith et le vrai Zack,
avec toute mon affection
D. G.

J'aimerais remercier mes éditeurs,
Jane O'Connor et Judy Donnelly,
qui m'ont permis de travailler dans la bonne humeur et sans lesquels ce livre n'aurait jamis vu le jour…
J'aimerais aussi remercier Jennifer Dussling et Laura Driscoll pour leurs idées géniales.

1

Je m'appelle Zack. J'ai dix ans et depuis que je suis tout petit, je m'intéresse aux phénomènes bizarres. Comme les maisons hantées, les soucoupes volantes et les tornades où il pleut des grenouilles. Alors quand il m'est arrivé une histoire vraiment pas ordinaire, j'étais forcément mieux préparé qu'un autre qui ne s'intéresse pas aux phénomènes bizarres.

Tout a commencé dans le refuge pour animaux près de chez moi, à New York. Après des années de résistance, mon père avait fini par craquer. J'avais enfin la permission de ramener un chat à la maison. Il ne me restait plus qu'à le choisir.

Je suis passé devant la cage d'un vieux chat de gouttière. Sa fourrure grise était sale et hirsute. Il avait perdu ses poils de moustache du côté gauche, ce qui lui donnait un air un peu bancal. La pointe d'une de ses oreilles était déchirée.

– Pssst ! Jeune homme !

Quelqu'un venait de m'appeller. Une voix étrange, presque râpeuse.

– Salut, petit gars ! Hé, par ici !

Je me suis retourné pour voir qui c'était. Personne.

Je me suis alors approché d'une cage où dormait un chaton noir aux pattes blanches. Il était à croquer ! Je l'ai longuement regardé. Le moment n'était sans doute pas très bien choisi pour adopter un animal domestique : d'ici quelques jours, mon père et moi, on devait aller en avion à Chicago pour passer la fête de Thanksgiving avec ma grand-mère, mamie Léa. Mais notre voisin de palier avait accepté de garder le chat. Et puis c'était trop risqué d'attendre : mon père pouvait changer d'avis.

J'avais pratiquement arrêté mon choix sur ce petit chat en smoking noir et blanc quand j'ai entendu à nouveau cette voix :

– Hé, gamin. Je te parle !

– Mais où êtes-vous ?

– Ici, idiot. Dans la cage derrière toi.

Je me suis retourné. Le vieux chat de gouttière tout ébouriffé me fusillait du regard.

– Désolé de brailler de la sorte, a-t-il dit. Mais un peu plus et tu allais commettre une bourde plus grosse que toi.

– Vous parlez !

Je n'en croyais pas mes oreilles. Je

me suis avancé près de la cage pour m'assurer que ses lèvres bougeaient quand il parlait. Parce que c'était peut-être un truc – une blague de ventriloque. J'aime les phénomènes bizarres, d'accord, mais là c'était un peu fort, même pour moi.

– Un chat qui parle ?

– Eh oui, un chat qui parle, la belle affaire, a ironisé le matou. Pas de quoi en fouetter un, si je puis dire.

Ses petites lèvres remuaient ! Il n'y avait pas de truc !

– Et puis tu t'es vu, toi ? Un garçon qui parle ! Mais écoute, on n'a pas de temps à perdre. Il faut absolument que tu me sortes d'ici.

– Pardon ?

– Je ne veux pas rester dans cet endroit une minute de plus. Ces miaulements et cette puanteur me rendent fou. Dis-leur que tu m'adoptes.

– Euh, je ne voudrais pas vous faire de peine, mais je me suis déjà décidé pour ce petit chaton blanc et noir.

Moi, j'ai l'esprit plutôt ouvert. Je n'ai rien contre les chats qui parlent. Mais de là à en accueillir un chez moi, il y a une marge... Surtout quand il est aussi pète-sec !

– Le chaton blanc et noir ? Mauvais choix...

– Pourquoi ?

– Il a des puces et des vers. Sans compter qu'il n'a jamais appris à se servir d'une litière.

Le gros matou m'a observé un moment. Il a bien vu que je ne marchais pas.

– C'est bon. Je ne voulais pas en arriver là, mais voilà la dure vérité : si tu ne m'adoptes pas, ils vont m'endormir. Et je ne veux pas dire me mettre au lit et me border. Ils vont m'éliminer. Tu ne voudrais pas avoir ma mort sur la conscience, hein, petit ?

– Ils ne piquent pas les animaux ici. Tout le monde le sait.

Non seulement ce matou jouait les caïds, mais il était sérieusement fâché avec la vérité.

– D'accord, j'admets qu'ils se sont calmés ces derniers temps. Mais ils peuvent changer de politique à tout moment.

Je l'ai regardé en secouant la tête.

– C'est bon. Et si je te disais que je connais ton nom ?

– Comment je m'appelle ?

– Zack.

– Com... Comment le savez-vous ?

Là, je dois reconnaître que j'étais stupéfait. Peu de gens savent mon nom, et encore moins de chats.

– Ça t'épate, pas vrai ? Et si j'ajoutais que nous sommes de la même famille, mon cher Zack ? Tu choisirais encore de partir avec ce chaton noir et blanc ?

– Un membre de ma famille ? Mais c'est impossible : vous êtes un chat.

– Hé, tu n'as jamais entendu parler de la réincarnation ? Quand on meurt et qu'on revient dans un autre corps ?

– Et alors ?

Evidemment que j'avais entendu parler de la réincarnation. J'avais même lu un article sur plusieurs cas d'enfants en Inde qui affirmaient avoir eu des vies antérieures. Ils pouvaient décrire des endroits où ils n'avaient jamais mis les pieds, et donner des détails précis que des gamins ordinaires n'auraient pas pu inventer. N'empêche, il s'agissait d'enfants, pas de chats.

– Et alors ? j'ai répété.

– Alors, a dit le gros matou, sache que tu as devant toi feu ton arrière-grand-père, grand-papy Julius.

2

Mettez-vous à ma place. J'allais rentrer chez moi avec un adorable minou blanc et noir, et voilà qu'un gros chat de gouttière m'annonce qu'il est la réincarnation de mon arrière-grand-père. Je ne savais plus quoi faire. J'ai jeté un coup d'œil en direction du chaton, qui était en train de se lécher délicatement une patte.

Le gros matou a vu que j'hésitais encore.

– Quoi ? Tu ne me trouves pas à ton goût ?

Il a pris la pose pour me montrer son meilleur profil. Enfin, c'est ce qu'il croyait.

– Vous n'êtes pas mal, m'sieur. C'est juste que...

– Je t'en ficherais, des « pas mal ». Ne me dis pas que tu serais capable de quitter cet endroit en compagnie d'un parfait inconnu, un sac à puces qui ignore tout de l'hygiène, en laissant moisir ton arrière-grand-père bien aimé dans une cage minuscule et nauséabonde ? La famille, c'est sacré, Zack.

Mes yeux allèrent du matou au chaton. La famille, c'est sacré. C'est drôle, mais c'est une phrase qui revient tout le temps dans la bouche de mamie Léa. Il avait gagné.

– Vous devez avoir raison, m'sieur. La famille, c'est sacré.

– Ah, voilà qui est parlé, fiston. Mais tu peux me tutoyer. Et appelle-moi donc grand-papy Julius.

3

Quand je suis arrivé à la maison tout essoufflé, mon carton dans les bras, papa m'a ouvert la porte. Mes parents sont divorcés, alors j'habite une partie du temps avec mon père et le reste avec ma mère.

– Ça y est, tu l'as enfin trouvé, ton chat.

– Oui, j'ai répondu en posant la boîte par terre.

J'étais vanné. Avec grand-papy dedans, le carton devait bien peser dans les quinze kilos.

– Je peux voir le petit monstre ?

– Oui, papa. Mais d'abord il faut que je te prévienne...

– De quoi donc ?

– Premièrement, je n'ai pas acheté un bébé mais un chat un peu plus âgé.

– Eh bien, Zack, je trouve formidable de donner un nouveau foyer à un chat adulte. Je suis fier de toi, mon fils.

– Euh... Deuxièmement, ce n'est pas un chat comme les autres, papa. C'est notre... Enfin, pour commencer, il parle.

– Il parle ?

– Oui, il parle.

Mon père a eu un grand sourire, comme quelqu'un qui décide de prendre part à une bonne blague.

– Ah, je vois. Et qu'est-ce qu'il raconte de beau ?

– Il prétend qu'il est grand-papy Julius.

– Parce que tu te souviens de lui, fit mon père en rigolant.

En fait, je me rappelais juste ce que racontait mamie Léa sur son père

Julius, qui était si gentil qu'on aurait dit un saint. Et elle ajoutait toujours que Julius était tout le contraire de grand-papy Maurice, le père de son mari, la branche pourrie de la famille.

A dire vrai, jusqu'à présent, Julius ne m'avait pas fait l'effet d'un saint... J'ai ouvert la boîte. Grand-papy Julius et mon papa se sont regardés un moment dans le fond des yeux.

– Euh, en tout cas, il est... gros. Salut, grand-papy Julius. Tu te souviens de moi ? Dan ! Tu disais toujours que j'étais ton petit-fils préféré. Tu ne me dis pas bonjour ?

Grand-papy Julius allait prendre la parole. Mais soudain il s'est ravisé et il a préféré se gratter l'oreille avec sa patte de derrière.

– Il n'est pas très bavard, dis-moi.

– Tu aurais dû l'entendre tout à l'heure au refuge pour animaux.

Mon père a ricané puis il s'est éloigné en secouant la tête.

– Pourquoi tu ne lui as pas parlé ?

– Je parle quand j'en ai envie. Pas quand on me force la patte. Hé, Zack, il y a quelque chose à manger dans cette crèche ? J'ai tellement faim que je pourrais croquer une souris.

J'avais la boîte de pâtée pour chats qu'on m'avait donné au refuge. J'en ai versé le contenu dans un bol par terre. Grand-papy Julius est venu renifler et il a grimacé.

– Pfff ! Qu'est-ce que c'est que cette horreur ?

– Emincé de bœuf en sauce.

– Tu n'aurais pas plutôt des rollmops à la crème ?

Je lui dis qu'on n'avait rien de ce nom à la maison. Visiblement, ma réponse ne lui a pas plu.

– Fiston, je vais être clair. Ou bien

tu me dégotes fissa des rollmops à la crème, ou bien je me soulage sur ton sofa.

– Tu plaisantes !

– Tu veux parier ?

Grand-papy s'avérait beaucoup plus difficile que ce qu'on m'avait raconté en famille. Mais je lui trouvais quand même des excuses. Après tout, mourir pour se retrouver réincarné en chat, il y a de quoi vous mettre d'une humeur de chien.

4

Par chance, le traiteur du coin vendait des rollmops à la crème fraîche. J'en ai remonté à grand-papy Julius.

– Ah, voilà qui est mieux !

Il a vidé son écuelle en un rien de temps.

– Pas mal. Pas mal du tout. Mais à l'avenir, Zack, demande au traiteur de ne pas lésiner sur la crème fraîche.

Ce matou était vraiment tyranique.

– Désolé, mais je ne pourrai pas t'offrir des rollmops à la crème tous les jours. Je n'ai que trois dollars d'argent de poche par semaine. Et je ne pourrai pas t'en acheter pendant le week-end pour la bonne raison que je ne suis pas là. Je vais à Chicago. Chez mamie Léa.

– On va voir Léa ?

– Je vais la voir. Toi, tu restes chez le voisin.

– Quoi ? Vous allez à Chicago et vous ne m'emmenez pas voir ma fille, la chair de ma chair ? Si Léa apprend que je suis réincarné et que je n'ai pas pris la peine de lui rendre visite, elle va en faire une maladie.

– C'est bon, je vais demander à mon père.

– Zack, les plaisanteries les plus courtes sont les meilleures. Tu sais comme moi que les chats ne parlent pas. Encore que je suis tenté de l'emmener avec nous, ne serait-ce que pour voir la tête de mamie Léa quand tu lui apprendras que ce chat est son père.

– J'aimerais qu'il vienne avec nous à Chicago. C'est très important pour lui.

– Voilà ce que je te propose : si tu réussis à le convaincre de me parler, on l'emmène.

Je suis retourné dans ma chambre, où grand-papy Julius feuilletait ma collection de cartes de base-ball.

– Tu n'as pas les cartes de Lou Gehrig, Ty Cobb ou Rogers Hornsby ? m'a-t-il demandé.

– Non, désolé.

– Gehrig et Hornsby étaient des chics types. Cobb n'avait rien d'un tendre...

– C'est ce qu'on dit.

– N'empêche, ils ont tous les trois signés ma balle de base-ball.

– Tu veux dire que tu as vraiment rencontré des joueurs de légende comme Lou Gehrig, Ty Cobb et Rogers Hornsby ?

Le chat acquiesça.

– Et qu'est devenue la balle avec leurs autographes ?

– Je l'ai gardée.

– Où ça ?

– En lieu sûr, fais-moi confiance. Alors, ton père est d'accord pour que je sois de la virée à Chicago ?

– A une condition.

– Laquelle ?

– Que tu lui parles. J'ai l'impression qu'il ne me croit pas.

– C'est bon, finissons-en.

J'ai suivi grand-papy Julius, qui a trottiné à pas feutrés jusque dans le salon, où mon père lisait le journal.

– Papa, grand-papy Julius a quelque chose à te dire.

– Ah vraiment ?

Papa baissa son journal et se pencha vers le chat, le sourire jusqu'aux oreilles.

– Très bien. Je t'écoute. Qu'est-ce

qui est le plus difficile quand on se retrouve transformé en chat ?

Grand-papy Julius a regardé mon père un moment sans mot dire. Puis il a incliné la tête avant de déclarer :

– Pour moi, le plus pénible, ça a été de découvrir que je ne pouvais pas fermer la porte et tirer le verrou quand j'allais faire mes besoins dans la litière. La réponse te convient ? J'ai gagné un voyage à Chicago ?

Mon père a écarquillé les yeux si grands, j'ai bien cru qu'ils allaient lui sortir de la tête.

– Moi, je trouve que c'est une réponse au poil ! Qu'est-ce que tu en dis, papa ?

5

Quand papa a été convaincu que mon chat était en fait grand-papy Julius, il lui a posé des tas de questions sur l'effet que ça faisait d'être mort. Il ne lui a pas lâché la patte pendant les deux jours précédant notre départ pour Chicago, et il continuait encore pendant le trajet jusqu'à l'aéroport.

– Des malades qui ont frôlé la mort et ont été ramenés à la vie affirment qu'ils ont franchi une sorte de long tunnel terminé par une lumière éblouissante. Et tous leurs parents morts les attendaient à l'autre bout. Tu as connu cette expérience ?

– Je me rappelle avoir traversé un

long tunnel pour sortir dans une lumière vive à l'autre bout, a approuvé grand-papy Julius, depuis son panier.

– Vraiment ? s'est emballé mon père.

– Oui. Mais c'était le tunnel routier de Midtown. Et la lumière à l'autre bout, c'était le Queens. C'est là qu'on m'a enterré. Au fait, tu n'aurais pas un cigare sur toi ? Ça fait des lustres que je n'ai pas fumé un bon cigare.

– Tu devrais arrêter. C'est mauvais pour la santé.

– Tu as sans doute raison, Zack. Mais il y a des vices qui vous collent à la peau, même quand on est mort.

– Ça fait combien de temps que tu es un chat ?

– Je n'ai pas mes papiers sur moi. A ton avis, j'ai l'air d'avoir quel âge ?

– Environ douze ou treize ans.

– Oui, ça doit être ça. Mais je n'ai pas été tout de suite transformé en chat.

– Ah non ?

– Non. D'abord, j'ai été une chenille.

– Une chenille ? ai-je répété. Et c'était comment ?

– Ennuyeux à mourir. En gros, je passais mon temps à manger des feuilles. Je mangeais des feuilles en m'imaginant que c'était des rollmops à la crème. Au fait, tu n'aurais pas un peu de schnaps sur toi ?

– C'est quoi du schnaps ?

– Un alcool fort, m'a expliqué mon père. Non, désolé, je n'en ai pas sur moi.

On est enfin arrivés à l'aéroport. Pendant que papa payait le chauffeur de taxi, j'essayais de boucler grand-papy Julius dans son panier.

– Ah, non ! J'en ai par-dessus la tête de voyager dans une valise. Enfin quoi ! Je suis un vieux monsieur respectable.

– Dans une autre vie, peut-être. Mais

dans cette vie, tu es un chat de gouttière. Et les chats voyagent dans des paniers.

Avec un soupir, Julius s'est résigné.

Une fois dans l'avion, papa a recommencé à l'interroger.

– Alors, Julius, de chenille, tu t'es métamorphosé en papillon ?

– Non, en mite, dit la voix dans le panier. En gros, je passais mon temps à manger des pull-overs.

– Tu mangeais des pulls ? Beurk !

– Ne parle pas sans savoir, Zack. Je me souviens d'un col roulé en cachemire... Un vrai régal ! Presque aussi bon qu'une tranche de rôti sur du pain de seigle. Puis un soir, j'ai volé trop près d'une torche devant un restaurant polynésien et… pffft !

– Un autre tunnel ?

– Non, les mites ne passent pas dans le tunnel. C'est réservé aux humains. Après ça, je suis devenu une souris.

– Et tu passais ton temps à manger du fromage, je parie, a dit mon père.

– Non, du bois. Un vrai calvaire !

– Une minute. Tu as été d'abord une chenille, puis une mite, et enfin une souris. Comment tu as eu le temps de faire tout ça ?

– Tu sais, Zack, mis bout à bout, ça ne fait pas très longtemps, m'a expliqué Julius. Tu peux passer l'arme à gauche, te payer une tranche de vie en chenille, puis en mite et en souris, et boucler la ballade en une petite semaine. De toute façon, le temps ne comptait plus pour moi. J'étais mort. J'avais des loisirs à ne plus savoir qu'en faire.

– Veuillez m'excuser, a dit l'hôtesse de l'air en passant à notre hauteur. Nous allons décoller : assurez-vous que vos ceintures sont bien attachées et que vos sièges et tablettes sont en position relevée.

– Hé, poupée, a sifflé grand-papy Julius, vous faites quoi ce soir après le vol ?

L'hôtesse a dû croire que c'était mon père qui avait dit ça, parce qu'elle l'a regardé d'un sale œil.

On a accroché nos ceintures.

Destination : Chicago !

6

– Avant d'entrer, je voudrais te poser une question, a dit mon père dans l'ascenseur de l'immeuble où habitait mamie Léa, sur Lake Shore Avenue.

– Oui, laquelle, papa ?

– Mamie a plus de quatre-vingts ans. Tu crois que c'est raisonnable d'annoncer à une dame aussi âgée que son vieux père est aujourd'hui un chat de gouttière ?

– Mamie est très moderne, elle a les idées larges. Je suis sûr qu'elle va très bien prendre la chose.

Les portes de l'ascenseur se sont ouvertes au septième étage. On a suivi le couloir jusqu'à l'appartement de mamie. Mon père portait les valises, et moi le panier contenant grand-papy Julius.

Mamie Léa devait être vraiment très contente de nous voir parce qu'elle n'a pas arrêté de nous serrer dans ses bras et de nous embrasser sur tout le visage. Quand on a été installés dans son salon, elle a enfin remarqué le panier.

– Ne me dites pas que vous avez fait tout ce voyage avec un animal ?

– Ce n'est pas un animal comme les autres, mamie. Il est même pas ordinaire du tout.

– Qu'a-t-il donc de si particulier ?

– Ce n'est pas seulement un chat, mais un membre de notre famille.

– En d'autres termes, Zack, tu l'aimes tellement que tu as l'impression qu'il fait partie de la famille ?

Mes yeux sont allés de mon père à mamie Léa.

– Non. Je veux dire qu'il est vraiment un membre de la famille.

Et j'ai ouvert la boîte. Ma grand-mère et grand-papy se sont trouvés nez à nez.

– Mamie, j'ai alors annoncé, voici ton père, Julius.

Elle l'a contemplé en silence pendant un long moment puis elle a secoué la tête.

– Non, Zack, tu dois faire erreur. Mon père était beaucoup plus grand.

– Léa, ma chérie, quelle joie de te revoir ! s'est exclamé grand-papy Julius. Ça fait une éternité, pas vrai ?

– Il me parle, a dit mamie d'une drôle de voix. Un chat me parle dans ma propre langue.

– Léa chérie, je suis peut-être un chat mais avant tout je suis ton père.

– Il continue. Je rêve ou cet animal me parle ?

– Tu ne rêves pas, mamie.

– Dis à ce quadrupède qu'il n'est pas mon père.

– Pourquoi tu ne lui dis pas toi-même ?

– Désolé, Zack, mais je ne parle pas aux chats, a fait mamie Léa avec la même drôle de voix.

– Mamie prétend que tu n'es pas son père.

– J'ai entendu, j'ai entendu, a bougonné Julius. Je ne suis pas sourd.

Puis il a adouci sa voix.

– Léa chérie, tu ne te souviens pas de moi ? C'est moi, ton cher papa !

– Dis à ce chat qu'on n'a jamais appelé mon père « papa ». Profites-en pour lui demander quel nom on lui donnait.

– Mamie te demande comment elle t'appelait ?

– J'ai entendu, gronda Julius. Inutile de répéter tout ce qu'elle dit.

– Alors, comment elle t'appelait ?

– Ce n'était pas « papa », a commencé Julius.

– Nous le savons déjà, s'est impatienté mon père.

– Bien sûr que ça n'était pas « papa », a continué Julius. Puisque c'était... « père ».

Mamie fit non de la tête.

– Dis au chat que ça n'était pas « père ».

– Elle dit que ça n'était...

– Arrête de répéter ! s'est emporté grand-papy.

Mais il a repris aussitôt son sang-froid.

– Ce n'était pas « père ». Non, bien sûr. Père, c'est le nom que je me donnais moi-même. Toi, tu m'appelais... pépé !

– Dis au chat que ça n'était pas pépé.

– Par les poils de ma moustache !

s'est écrié Julius. Qu'est-ce que je donnerais pour un bon cigare et un verre de schnaps... Léa chérie, j'ai cent ans bien sonnés ; j'ai été une chenille, une mite et une souris ; j'ai avalé plusieurs fois mon extrait de naissance. Alors, j'ai la mémoire qui flanche, c'est bien normal. Sois un peu indulgente et dis-moi comment tu m'appelais...

– Vas-y, mamie. Dis-lui.

– Je n'ai jamais appelé ce chat quoi que ce soit. Mais mon père – le vrai, l'humain – je l'appelais poppy.

– Poppy, papa, pépé, quelle différence ? a marmonné Julius en agitant sa patte avec dédain.

– Une minute ! s'est exclamée mamie. Je viens de réaliser quelque chose.

– Quoi donc ?

– Ton chat a bien réclamé à l'instant un bon cigare et un verre de schnaps ?

– En effet, oui.

– Julius n'a jamais aimé le cigare. Et son estomac ne supportait pas les tord-boyaux. Mais vous savez qui fumait le havane et buvait du schnaps ?

– Qui ? on a demandé en chœur, mon père et moi.

– La branche pourrie ! Le mouton noir de la famille ! Ton chat t'a menti, Zack. Ce n'est pas Julius qui est là devant nous, mais le père de ton grand-père. C'est ce vaurien de grand-papy Maurice !

7

Ma question a sonné comme une sommation :

– Est-ce que mamie dit vrai ? Es-tu ce vaurien de grand-papy Maurice ?

– Eh, du calme, fiston, ne t'emballe pas. D'abord, de quel droit elle me traite de vaurien ?

– De quel droit ? s'est insurgé mamie. Je vais te dire de quel droit. Tu as emprunté trente mille dollars à mon père pour travailler sur tes inventions stupides. Puis tu as plié bagages. Disparu, envolé ! On n'a plus jamais eu de nouvelles.

On s'est tous tournés vers le chat.

– Quelles inventions ?

– Parlons-en de ses inventions, a ricané mamie Léa. Une perruque pour aigle chauve, par exemple.

– Mais qui peut bien vouloir acheter une perruque pour aigle chauve ? j'ai demandé au chat.

– Je reconnais que c'était un handicap...

– Il y a eu aussi le sifflet pour chiens, a continué mamie Léa. Seuls les chiens devaient l'entendre.

– Voilà qui paraît plus intéressant.

– Oui, à un détail près, a poursuivi ma grand-mère, tandis que le chat avait l'air de plus en plus embarrassé. Les chiens ne l'entendaient pas plus que nous ! Quand on soufflait dedans, toutes les souris du quartier rappliquaient ventre à terre.

– Est-ce que tu as inventé quelque chose qui marche ?

– Bien sûr, Zack ! Un manteau pour

teckel en forme de hot dog. Très élégant, si je puis me permettre. Au début, ça ne se vendait pas fort. J'ai bien cru que j'avais perdu tout l'argent de Julius, alors j'ai quitté la ville. Mais vous savez quoi ? Subitement, les manteaux ont commencé à se vendre comme des petits pains. Les propriétaires de teckels se les arrachaient. J'ai récupéré ma mise de trente mille dollars. Je les ai envoyés directement sur un compte secret dans une banque de Chicago.

– Un compte secret ?

– A la Morton F. Acropolis. Je m'apprêtais à rentrer à Chicago pour rembourser mon frère Julius quand j'ai été heurté de plein fouet par un autobus.

On a tous regardé le chat d'un air dubitatif.

– Grand-papy Maurice, jusqu'à

maintenant, tu nous as raconté beaucoup d'histoires. Comment savoir si tu nous dis la vérité ?

– Demain matin à la première heure, conduisez-moi à la banque Morton F. Acropolis. Vous saurez alors si je vous ai menti.

8

Le lendemain matin, le petit déjeuner à peine avalé, mon père, mamie Léa, grand-papy Maurice et moi, on est tous montés dans un taxi pour aller à la banque Morton F. Acropolis de Chicago. L'employée à qui on s'est adressés nous a d'abord dit qu'elle ne trouvait aucun compte secret portant le numéro indiqué par Maurice.

– Dis-lui de mieux regarder, a fait Maurice, enfermé dans son panier.

L'employée a ouvert des yeux étonnés.

– Vous pouvez vérifier, m'dame ? ai-je demandé.

Et elle est partie vérifier.

– Maurice, j'espère que tu ne nous as pas raconté des craques, j'ai soufflé au-dessus du panier.

– Ne sois donc pas si soupçonneux, a répondu le chat.

L'employée est revenue.

– J'ai trouvé un compte qui a été ouvert il y a des lustres. Je ne sais pas si c'est le bon, mais il porte le numéro que vous m'avez donné.

– Quel est le nom de son propriétaire ?

– Je ne peux pas vous le révéler.

– Et si je vous donnais le prénom ? j'ai proposé. Vous pourriez hocher la tête si je suis tombé juste ?

– A quel nom pensez-vous ?

– Maurice.

L'employée a hoché la tête.

– J'ai raison ! Grand-papy Maurice n'a pas menti ! Comment on fait maintenant pour récupérer l'argent ?

– Eh bien, la personne dont le nom figure sur le compte doit venir signer l'ordre de fermeture.

On a tous échangé un regard.

– Et s'il ne peut pas ? a demandé mon père.

– Pourquoi ne pourrait-il pas ?

– Supposons qu'il soit... Enfin, supposons qu'il lui soit arrivé quelque chose...

– Quoi, par exemple ?

– Eh bien, je ne sais pas moi, s'il était transformé en chat...

– S'il était décédé, s'est empressé de rectifier mon père.

– Dans ce cas, l'affaire doit passer par le tribunal des successions. C'est une procédure juridique très compliquée : ça peut prendre des années...

– Papa, qu'est-ce que ça veut dire, décédé ?

– Mort, a répondu la voix dans le panier.

– Et s'il s'était transformé en chat ? j'ai lancé.

– Pardon ?

Mon père a secoué la tête.

– Vous croyez à la réincarnation, m'dame ? j'ai demandé à l'employée.

– Non.

On a échangé un autre regard. Cette fois, on était coincés...

– Hé, dit la voix dans le panier, laissez-moi lui parler.

– Il y a quelqu'un dans cette boîte ? s'est inquiétée l'employée.

– Laissez-moi sortir !

J'ai regardé papa. Il a haussé les épaules puis il a ouvert le panier. Aussitôt, grand-papy Maurice a sauté sur le comptoir.

– Euh, désolée, mais les animaux ne sont pas autorisés dans notre établissement. Le règlement interdit de façon formelle...

– Mets-la en sourdine, ma cocotte, a dit grand-papy Maurice. On va peut-être pouvoir trouver une solution.

L'employée faisait une drôle de tête, comme quelqu'un sur le point de s'évanouir.

– Je vous présente mon arrière-grand-père, Maurice. Il a ouvert un compte dans votre banque il y a des années, quand il était encore une personne.

L'employée s'est appuyée lourdement contre le comptoir pour ne pas tomber dans les pommes.

– Il semble en effet que ce client soit... un chat, a-t-elle dit dans un murmure.

– Et comment ! s'est exclamé grand-papy Maurice. Sans vouloir vous obliger, j'aimerais retirer tout l'argent sur mon compte pour le donner à ma famille.

– Vous pouvez signer ? a-t-elle réussi à articuler.

– Hé, ma jolie, au cas où tu n'aurais pas remarqué, je suis un félidé. Ce qui veut dire que je n'ai pas de pouce opposable aux autres doigts. Et par voie de conséquence, je ne peux pas tenir de crayon.

– Si vous ne signez pas, nous ne pouvons pas vous remettre votre argent.

– Pourquoi pas ?

– Ce serait contraire... contraire au règlement de la maison.

– Alors il va falloir changer le règlement. A partir d'aujourd'hui, quand un client se réincarne en chat et vient retirer son argent, il n'aura qu'à le réclamer au guichet. Ça va comme ça ?

L'employée a inspiré un grand coup.

– Je doute que... que ce soit aussi facile.

– Bon, alors allez me chercher Morty.

– Qui est Morty ? a demandé l'employée.

– Qui est Morty ? Vous ne connaissez pas Morton F. Acropolis, le fondateur de cette banque ?

Sur ce, le chat a sauté au bas du comptoir et a traversé le hall.

– Une minute, s'est écriée l'employée. Je ne peux pas vous laisser...

Grand-papy Maurice s'est arrêté devant une porte flanquée de colonnades. Au-dessus, sur le linteau, il y avait écrit « Morton F. Acropolis ».

– Hé, Morty ! a miaulé grand-papy. Tu es là ?

– Maurice ? a répondu une voix étonnée de l'autre côté. Maurice, c'est toi, vieux brigand ?

De son museau, le chat a poussé la porte. Mon père, mamie Léa et moi, on lui a emboîté le pas. L'employée marchait sur nos talons.

Derrière une table immense, comme on en voit chez les antiquaires, se tenait le plus vieil homme que j'aie jamais vu. Et le plus petit. Il ne devait pas être beaucoup plus grand que moi. Il portait une paire de lunettes avec des verres épais comme des culs de bouteille.

– Morty, quel plaisir de te revoir, vieille branche !

– Maurice, vieux cabot, c'est donc bien toi ?

Il cligna des paupières à travers ses verres et se redressa sur son siège.

– Mes yeux ne sont plus ce qu'ils étaient, mais je reconnaîtrais cette voix entre mille, même après toutes ces années.

– Alors comment vas-tu, Morty ?

– Parlons plutôt de toi, Maurice. Je te croyais mort.

– Je l'étais, a dit le chat. Mais je vais beaucoup mieux maintenant. Écoute, Morty, j'ai un problème. J'aurais besoin de ton aide.

– Tout ce que tu veux, Maurice. Que puis-je pour ton service ?

– Monsieur le Président, a interrompu l'employée, vous vous rendez compte que vous parlez à un ch...

– Taisez-vous, Lola, a répliqué M. Acropolis. Je n'ai pas vu cet homme depuis des années.

– Mais ce n'est pas un homme, monsieur le président, c'est un ch...

– Silence ! Vas-y, Maurice, que puis-je faire pour toi ?

– Tu te souviens de l'argent que j'ai gagné sur les manteaux pour teckels ? J'aimerais le retirer de mon compte, mais cette jeune écervelée me dit que c'est impossible.

– Foutaises ! gronda M. Acropolis.

Morton F. Acropolis
Founder

J'avais investi personnellement dans ce manteau pour teckel. Un sacré joli coup. Donnez-lui son argent, Lola !

– Mais, monsieur Acropolis, il ne peut pas signer.

– Pourquoi donc ?

– Il est incapable de tenir un stylo.

– Et alors ! Moi non plus, je n'arrive plus à tenir mon stylo ! Ma chère, quand un homme atteint notre âge, il y a un certain nombre de choses qu'il ne peut plus faire. Donnez-lui un coup de main, bon sang !

– O-oui, monsieur.

On est tous sortis du bureau de M. Acropolis. D'une main tremblante, l'employée a placé un stylo entre les pattes du chat et l'a aidé à signer. Puis elle a rédigé un chèque et nous l'a tendu. En avisant le montant, mon père a émis un sifflement.

– Maurice, je croyais qu'il n'y avait

que trente mille dollars sur ton compte.

– Combien y a-t-il ?

– Plus près de quatre-vingt-dix mille.

– Quatre-vingt-dix mille ? a répété mamie Léa.

C'était la première fois qu'elle ouvrait la bouche depuis qu'on était entré dans la banque.

– Oui, presque trente ans d'intérêts cumulés.

– Et tu nous donnes tout cet argent ? ai-je demandé à grand-papy Maurice.

– A une condition.

– Laquelle ?

– Que vous laissiez de quoi me payer un aller simple en première pour Palm Beach, et quelques années de loyer dans un hôtel de luxe pour animaux domestiques, avec des rollmops à la crème le matin, et un verre de schnaps le soir.

– Tu ne vas pas vivre chez nous ?

– Zack, je t'aime beaucoup, mais j'ai toujours eu envie de couler mes vieux jours sous le soleil de Floride. M'est avis qu'il doit y avoir là-bas des gens désireux d'investir quelques dollars dans des inventions un peu... spéculatives.

Et c'est ainsi que grand-papy Maurice est allé vivre comme un coq en pâte en Floride. Mais avant, il a fait ouvrir son coffre par l'employée de la banque. Elle était là. Une balle de base-ball signée par trois athlètes légendaires, Lou Gehrig, Ty Cobb et Rogers Hornsby.

– C'est pour toi, Zack. Je comptais la garder mais un vieux mistigri comme moi n'a pas grand-chose à faire d'une balle de base-ball.

Même si grand-papy Maurice avait

son côté bourru, j'étais réellement triste de le voir partir.

– Allons, Zack, console-toi. Tu vas pouvoir retourner au refuge pour animaux et adopter ce chaton noir et blanc que tu admirais tant.

– Mais tu m'as dit qu'il avait des puces et des vers, et qu'il n'était pas propre.

– Oui, peut-être. Mais il y a une chose qui te fera peut-être oublier ces désagréments.

– Quoi donc ?

– Dans une vie antérieure, il a été Babe Ruth, le plus grand champion de base-ball de tous les temps…

Dan Greenburg est né aux Etats-Unis et a grandi à Chicago. Il écrit depuis longtemps aussi bien pour les adultes que pour les enfants. Il a publié de nombreux romans dont certains ont été vendus à plusieurs millions d'exemplaires et traduits dans une vingtaine de pays. Il écrit également des articles dans divers magazines et journaux américains.
Pour imaginer les histoires de Zack, Dan Greenburg s'est inspiré d'un univers qui lui est très familier : sa famille. Si son héros, Zack, sonne juste et ressemble à un enfant d'aujourd'hui c'est que l'auteur ne pouvait avoir meilleur modèle que son fils nommé… Zack lui-même ! Tout comme mamie Léa est le portrait saisissant de la véritable grand-mère du véritable Zack, la propre mère de Dan Greenburg !

Zack et le chat infernal

Supplément illustré

Test

Pour Zack, la famille c'est sacré ! Et toi, as-tu aussi l'esprit de famille ? Pour le savoir, choisis pour chaque question la réponse que tu préfères.
(Réponses page 72)

1 Cet été, ton cousin t'invite dans sa maison de vacances. :

■ tu es ravi, tu t'y sens comme chez toi
▲ tu préfères aller chez un copain
● tu es content si tu t'entends bien avec lui

2 Cette année tu iras au ski à Noël :

▲ tu es content d'échapper à ces réunions de famille interminables
■ tu regrettes de manquer ces fêtes en famille
● tu te demandes si tu auras autant de cadeaux

3 La boulangère gronde ta petite sœur qui a touché aux bonbons :

■ tu la défends même si elle a tort
▲ tu la grondes devant tout le monde
● tu l'excuses en tentant d'arranger les choses

4 Un vieil oncle éloigné que tu ne connais pas vient déjeuner ce dimanche :

● tu espères qu'il pourra te raconter des histoires de sa jeunesse

■ tu es ravi de rencontrer quelqu'un de ta famille

▲ tu essaies d'échapper au repas

5 Tu apprends qu'un de tes ancêtres était un brigand :

▲ cela ne t'intéresse pas vraiment

■ tu veux connaître tous les détails de sa vie

● tu préfères que cela ne se sache pas

6 On t'oblige à rendre visite à une vieille tante :

▲ tu protestes

● tu proposes de lui écrire un mot

■ tu y vas de bon gré

7 Si tu pouvais changer ton nom de famille :

■ tu ne le ferais pour rien au monde

▲ tu trouverais cela très amusant

● tu attendrais d'être plus grand pour décider

8 Une grande famille c'est :

▲ encombrant

■ important

● amusant

Informations

■ La réincarnation

La réincarnation fait partie des croyances du bouddhisme. Né en Inde, le bouddhisme est aujourd'hui la troisième religion du monde, après l'islam et le christianisme. Se réincarner signifie vivre plusieurs vies et renaître sous une forme différente. Les bouddhistes pensent qu'ils se réincarnent en fonction des vies antérieures qu'ils ont vécues. Si leur vie a été remplie de bonnes actions, leur réincarnation sera heureuse, s'ils en ont commis de mauvaises, ce sera le contraire : ils auront des existences inférieures, comme celles des animaux ou des esprits voraces. Tous les actes de la vie et les pensées sont très importants. Ainsi les hommes sont amenés à moins se plaindre de leur condition car, selon eux, ils ont mérité la vie qu'ils mènent ! Cela les entraîne également à avoir plus de respect pour la nature, puisqu'ils pourraient parfaitement devenir une plante ou un arbre, et à respecter les autres êtres vivants car l'on peut se réincarner sous n'importe quelle forme ou n'importe quelle race !

L'objectif de Bouddha est de mettre fin au cycle infernal des réincarnations. L'idéal est de parvenir à l'état permanent de bonheur divin, qui s'appelle le Nirvana. Et pour cela, il faut réussir à éliminer toute envie humaine : désir de posséder, la haine ou la jalousie.... C'est alors qu'on peut enfin parvenir à l'illumination, comme le Bouddha.

■ Bouddha

Il est le fondateur du bouddhisme. Le prince Siddhârtha Gautama est né en Inde, dans la vallée du Gange vers 553 avant notre ère. Un jour, il découvre la souffrance grâce à sa rencontre avec un lépreux, un mendiant et un cortège funéraire. Il décide d'aller à la recherche d'une vérité qu'il ne trouve pas dans les livres et après plusieurs années d'études qui ne lui apportent aucune réponses, il s'installe sous un arbre sacré à Bodhgayâ pour ne plus en bouger avant d'avoir compris les causes de la souffrance de l'homme. C'est là, que de nombreuses semaines plus tard, il reçoit l'Illumination et devient Bouddha. Les vérités qu'il a ainsi découvertes sont les bases du bouddhisme et l'une d'elles permet d'échapper aux réincarnations : atteindre un état de béatitude absolu, sans aucun désir.

Jeux

■ Expressions très bêtes

Le chat Maurice aime bien s'amuser avec les expressions qui comparent les hommes aux animaux.
Voici une douzaine d'expressions de ce genre.
A toi de trouver le bon animal à chaque fois !
Les connais-tu vraiment toutes ?

1. Muet comme une ----------
2. Myope comme une ---------
3. Frisé comme un ----------
4. Paresseux comme une ------
5. Nu comme un --------
6. Malade comme un ---------
7. Lent comme une ---------
8. Heureux comme un ---------- dans l'eau
9. Bavard comme une ---------
10. Rouge comme une ---------
11. Bête comme une ----------
12. Malin comme un ---------

■ Do you know the USA ?

Ou plutôt connais-tu les Etats-Unis d'Amérique ?
Pour le savoir, trouve la bonne réponse à chaque question.

1. *U.S.A signifie :*
A. United States of America
B. Union Stations of America

2. *Que représentent les étoiles sur le drapeau américain ?*
A. Les cinquante états du pays
B. La puissance d'un grand pays

3. *Quelle est la capitale des Etats-Unis ?*
A. New York
B. Washington

4. *Les Etats-Unis font approximativement combien de fois la France ?*
A. Dix-sept
B. Trois

5. *Les premiers habitants des Etats-Unis étaient des :*
A. Indiens
B. Américains

Réponses

■ *Test (pages 66 et 67)*

- Si tu as plus de ■, pour toi aussi la famille c'est sacré. Un lien très fort t'unit à tous les membres de ta famille et tu ne te sens jamais aussi heureux que lorsque vous êtes tous réunis.

- Si tu as plus de ▲, la famille c'est utile, mais tu ne veux pas qu'elle prenne trop de place. Tu préfères choisir tes amis et tu as du mal à supporter les obligations familiales.

A la place de Zack, il n'est pas sûr que tu aurais pris le chat Maurice.

- Si tu as plus de ●, tu es très attaché à ta famille mais faire partie de ta famille n'est pas suffisant pour devenir proche de toi. Tu as d'autres centres d'intérêt que tu partages avec des amis et qui t'apportent autant de satisfactions.

■ *Expressions très bêtes (page 70)*

1. carpe - 2. taupe - 3. - mouton - 4. couleuvre - 5. ver - 6. chien - 7. tortue - 8. poisson - 9. pie - 10. écrevisse - 11. oie - 12. singe

■ *Do you know the USA ? (page 71)*

1. A - 2. A - 3. B- 4. A - 5. A

Une histoire bizarre de Zack

Qu'arrive-t-il à Zack dans les autres histoires de Dan Greenburg ?

Zack voit double
n° 2
(extrait)

« L'histoire que je vais vous raconter à présent s'est déroulée au début des vacances de Pâques. Mon père avait promis de m'emmener avec lui en Floride. On devait voir mon équipe de base-ball préférée, les New York Yankees, pendant leur entraînement de printemps, avant le démarrage de la saison sportive.

(...)

On devait partir le samedi matin. J'étais tellement excité que je me suis réveillé à 6 heures. Les yeux à peine ouverts, je me suis rendu compte d'une chose : j'avais encore oublié de mettre mon appareil dans la bouche avant de me coucher. Bon sang, où l'avais-je mis ?

Ce matin-là, j'étais sûr que mon appareil se trouvait dans le placard à pharmacie de la salle de bains, au lieu d'être à sa place dans ma bouche. J'ai sauté de mon lit pour aller ouvrir le placard. Ouf ! Mon appareil était bien là. Mais comme j'allais refermer la porte, il s'est produit une chose étrange. Une chose vraiment très étrange. Le fond du placard s'est ouvert. Et là, en face à moi, j'ai vu apparaître le visage d'un garçon qui était mon portrait tout craché !

Mon portrait tout craché ? J'avais la berlue ou quoi ? Sous le coup de la surprise, j'en ai lâché mon appareil qui est tombé dans sa salle de bains. On a poussé un cri à l'unisson et on a claqué la porte de nos placards à pharmacie. Qu'est-ce que c'était que cette histoire ? »

Un fantôme nommé Wanda

n° 3

L'appartement de Zack est hanté ! Zack a un plan. Mais une formule magique vieille de cent ans sera-t-elle efficace contre un jeune fantôme de huit ans ?

(extrait)

“ A ce moment-là, on a entendu un grand bruit. Un gros sac de cacahuètes M&M’s qui était posé sur l’étagère venait d’exploser. Toutes les pastilles se sont envolées. Elles sont allées se coller au plafond. Elles formaient des lettres, des mots. Le message disait : « OK, OK, me voilà, qu’est-ce que vous voulez ? »

– Ça alors, j’ai dit à voix basse.

– Ça alors, a répété mon père.

Je n’en croyais pas mes yeux. J’avais réussi à entrer en contact avec un esprit – l’esprit d’une personne morte. ”

Collection Folio Cadet

Ted Allan
Histoire d'un souricureuil

Allan Ahlberg/Janet Ahlberg
Le cheval en pantalon
Qui a volé les tartes?

Andersen/Georges Lemoine
Le rossignol de l'empereur de Chine
La petite fille aux allumettes

Anonyme/Charlotte Voake
Les trois petits cochons et autres contes

Bernard Ashley/Christophe Blain
A la poursuite de Kim

Marcel Aymé/Roland et Claudine Sabatier
L'âne et le cheval
Les boîtes de peinture
Les bœufs
Le canard et la panthère
Le cerf et le chien
Le chien
Les cygnes
L'éléphant
Le loup
Le mauvais jars
Le mouton
Le paon
La patte du chat
Le problème
Les vaches

Quentin Blake
Danse, danse!

Jeff Brown/Tony Ross
Clément aplati

Doris Buchanan Smith/Christophe Blain
Le goût des mûres

Geva Caban/Zina Modiano
Je t'écris, j'écris

Blaise Cendrars/Jacqueline Duhême
Petits contes nègres pour les enfants des blancs

Jerome Charyn/Jean-Claude Denis
Bande à part

Jean Claverie
Little Lou

Collectif
Les souris têtes en l'air et autres histoires d'animaux

Roald Dahl/Quentin Blake
La girafe, le pélican et moi
Un amour de tortue
Un conte peut en cacher un autre

Roald Dahl/Patrick Benson
Les minuscules

Roald Dahl/Henri Galeron
Le doigt magique

Roald Dahl/Tony Ross
Fantastique Maître Renard

Paula Danziger/Tony Ross
Lili Graffiti
Les vacances de Lili Graffiti

Margaret Davidson/ André Dahan
Louis Braille, l'enfant de la nuit

Michel Déon/ Etienne Delessert
Thomas et l'infini

Marie et Raymond Farré/Roland Sabatier
Les aventures de Papagayo

Marie Farré/Amato Sorro
Papa est un ogre

Marie Farré/Axel Scheffler
Mina mine de rien
Mina change de tête

Jane Gardam/ William Geldart
Le poney dans la neige
Peur de rien, peur de tout

Jean Giono/ Jean-Louis Besson
Le petit garçon qui avait envie d'espace

Jean Giono/Willi Glasauer
L'homme qui plantait des arbres

Robert Graves/ Maurice Sendak
Le grand livre vert

Dan Greenburg/ Jack E. Davis
Zack et le chat infernal
Zack voit double

Claude Gutman/Pef
Danger gros mots

Colin et Jacqui Hawkins
Les sorcières
Les pirates
Les vampires
Les fantômes
Les monstres

Annemie Heymans
Rosette Petitpon

Ted Hughes/Jean Torton
Le géant de fer

Hanna Johansen/ Käthi Bhend
Il était une fois deux oursons
La petite oie qui n'allait pas assez vite

Dick King-Smith/ William Geldart
Une marmite pleine d'or

Dick King-Smith/ David Parkins
Longue vie aux dodos
Le chat de Sophie
Une surprise pour Sophie

Dick King-Smith/Michel Gay
L'escargot de Sophie

Dick King-Smith/ Judy Brown
Mon petit frère est un génie

Rudyard Kipling/ Etienne Delessert
Histoires comme ça

Jean de La Fontaine/
Claudine et Roland Sabatier
Fables

J. M. G. Le Clézio/
Henri Galeron
Voyage au pays des arbres

Madame Leprince
de Beaumont/Willi Glasauer
La Belle et la Bête

Penelope Lively/
François Place
Le vitrail

Patricia Mac Lachlan/
Quentin Blake
Sarah la pas belle

Margaret Mahy/Alice Dumas
La baignoire du géant

Margaret Mahy/
Quentin Blake
L'enlèvement
de la bibliothécaire
Le grand charivari

Massin/ Joan Parazette
Un monde sens dessus
dessous

Colin Mc Naughton
Jolly Roger

Tilde Michels/Kathi Bend
Petit lièvre deviendra grand

Susie Morgenstern
Oukélé la télé?

Michael Morpurgo/
Raphaëlle Vermeil
L'ours qui ne voulait pas
danser

Marie-Aude Murail
Mystère

Jill Murphy
Amandine Malabul,
la sorcière a des ennuis
Amandine Malabul,
la sorcière a peur de l'eau
Amandine Malabul,
la sorcière ensorcelée
Amandine Malabul,
sorcière maladroite

Pef
Les belles lisses poires de
France
Dictionnaire des mots tordus
L'ivre de français
Leçons de géoravie
Le livre des nattes
Silence naturel: tout sur
le cor humain
Motordu a pâle au ventre
Motordu as a la télé
Motordu au pas, au trot,
au gras dos
Motordu champignon
olympique
Motordu est le frère Noël
Motordu et le fantôme
du chapeau
Motordu et les petits
hommes vers
Motordu et son père hoquet
Motordu sur la botte d'azur
Réponses bêtes à
des questions idiotes

Charles Perrault/
Jean Claverie
La Barbe-Bleue
Riquet à la houpe

Charles Perrault/
Roberto Innocenti
Cendrillon

Bianca Pitzorno/
E. Bussolati
L'anneau magique
de Lavinia

Roberto Piumini/
Anne Tonnac
Mathias et son grand-père

Roberto Piumini/
Henri Fellner
Le fou volant

Sylvia Plath/
Rotraut Suzanne Berner
Ça-ne-fait-rien!

Jacques Prévert/
Elsa Henriquez
Contes pour enfants pas
sages

Jean-Pierre Ronssin/
Claudine et Roland Sabatier
La vengeance du chat
Mouzoul

Tony Ross
Un vrai conte de fées

Pat Ross/Marylin Hafner
Les inséparables
Les inséparables et le secret
de Noël

Leigh Sauerwein/
Miles Hyman
Le journal de Sarah
Templeton

Alain Serres/Véronique Deiss
L'ogron

Alain Serres/
Claude Lapointe
Du commerce de la souris

Alain Serres/Anne Tonnac
Histoires en chaussettes
Le petit humain

Isaac Bashevis Singer/
Philippe Fix
Le lait de la lionne

Clara Stevens/
Margot Tomes
Anna, grandpa et la tempête

Jill Tomlinson/
Céline Bour-Cholet
La chouette qui avait peur
du noir

Michel Tournier/
Danièle Bour
Pierrot ou les secrets
de la nuit

Michel Tournier/
Georges Lemoine
Barbedor

John Yeoman/
Quentin Blake
Les poules

Marguerite Yourcenar/
Georges Lemoine
Comment Wang-Fô fut
sauvé

Donatella Ziliotto/
Robert Scouvart
Trollina et Perla